www.ingramcontent.com/pod-product-compliance
Lightning Source LLC
LaVergne TN
LVHW081541060526
838200LV00048B/2167
9781684119097